VERSICUENTOS
PARA APRENDER A LEER

A B C D

Lea

Carlos Santos Sáez - Ilustraciones: **Mariana Parrotta**

20 consejos

para padres, maestros y compañeros de lectura, para que el aprendizaje sea placentero para los dos.

1. Leer los versicuentos en voz alta y pausada.

2. Mostrar y ayudar a descubrir las letras señaladas con otro color.

3. Resolver juntos los ejercicios y los juegos propuestos detrás de cada letra.

4. Mirar y comentar los dibujos.

5. Pedirle al niño que haga otros dibujos.

6. Hacer preguntas sobre los nuevos dibujos y armar una nueva historia desde ese punto de partida.

7. Narrar en equipo. Los dos compañeros de lectura se ponen de acuerdo, y comparten el principio y el fin de la historia.

8. Darle importancia a las expresiones que demuestran ubicación espacial, y preguntarle al niño por el arriba, el abajo, el costado, el lejos o el cerca.

9. Pronunciar con fuerza el primer sonido de la palabra (MMMAMÁ). Y el último (LEÓNNNN).

10. Acompañar al niño en la reiteración de los sonidos de cada letra.

11. Enseñar y aprender requiere paciencia.

12. Buscar y comparar en los objetos cotidianos: formas (cuadrado, círculo, triángulo), tamaños (grande, enorme, pequeño, diminuto) y colores (rojo, azul, amarillo).

13. Dibujar esas formas y pintar esos colores.

14. Reconocer y nombrar imágenes en libros y revistas.

15. Hacer preguntas sobre los dibujos: ¿De qué color es? ¿Cómo se usa? ¿Dónde crece esta flor? ¿Qué comen estos señores? ¿Cuántas patas tiene este animal?

16. Colaborar con el niño para que logre escribir su nombre. Recortar de revistas las letras que forman su nombre y pegarlas sobre un papel en el orden correcto.

17. Descubrir las letras en los carteles callejeros y en revistas o libros. Nombrarlas en voz alta.

18. Felicitar al niño por sus historias, su escritura y sus dibujos. El tiempo de la lectura debe ser un espacio de placer y regocijo.

19. Realizar todas las actividades en un mismo cuaderno para poder seguir y comparar los trabajos, y entender mejor la evolución del aprendizaje.

20. Luego de leer juntos los últimos versicuentos con la letra Z, el niño comenzará a leer solo los primeros versicuentos con la letra A.

A

ANA AMASA
EN SU CASA.

SU MADRINA
TRAE HARINA,

Y LAS HADAS
ECHAN AGUA.

¡QUÉ BUEN PLAN
HACER PAN!

MAGAS ACALORADAS
MUEVEN SUS ABANICOS.
GRITAN "¡ABRACADABRA!",
Y APARECE UN PERICO.

EN EL PANAL
TRABAJAN LAS ABEJAS.

DANZA EN EL ÁRBOL
UNA ARAÑA VIEJA.

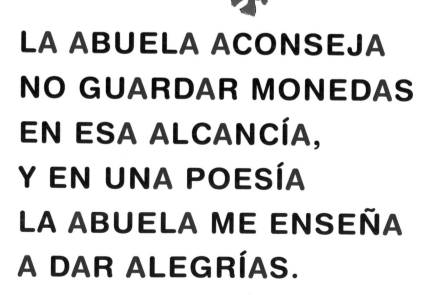

LA ABUELA ACONSEJA
NO GUARDAR MONEDAS
EN ESA ALCANCÍA,
Y EN UNA POESÍA
LA ABUELA ME ENSEÑA
A DAR ALEGRÍAS.

MAMÁ ME ABRAZA
Y EL MIEDO PASA.

En el primer versicuento la que amasa se llama ANA ¿tienes amiguitos cuyos nombres empiecen con A?

En el tercero aparecen dos animales que empiezan con A ¿cuáles son? ¿Conoces otros animales que empiecen con A?

Se dibuja como una casita y se dice con la boca bien abierta ¡AAAAAA!

B

LA BALLENA
NO VA LLENA.

LA BALANZA
NO LE ALCANZA.

TIENE MAÑAS,
NO SE BAÑA,

Y EN LA BALSA
BAILA SALSA.

ANDA POR EL BOSQUE
EL DUENDE CON BOTAS,

CON BARBA BLANCA
Y BIGOTE BRILLANTE,

GORRO CON BURBUJAS,
UN SOLO GUANTE,

DOS BUFANDAS
Y UNA BRÚJULA ROTA.

LA BRUJA TOCA BOCINA
SUBIDA A SU ESCOBILLÓN,
BARRE LAS ROSAS CHINAS
Y CHOCA CON EL BUZÓN.

LA BAILARINA
BAJO EL BALCÓN
BAILA SI CANTA
EL BANDONEÓN.

En estos versicuentos hay palabras que tienen B en el medio ¿cuáles son?

Elige para la bailarina un nombre que empiece con B.

Esta B se llama B LARGA y suena muy parecido a la llamada V CORTA.
Señala en el primer versicuento las palabras con B y con V.

C

¡QUÉ GRACIOSO ES EL ROBOT!
TIENE UN CANDADO EN LA PANZA,
UN CORCHO EN EL CORAZÓN
Y EN EL CUELLO UNA BALANZA.

CAMELLOS CONTENTOS CON CENCERROS

CAMINAN CANSADOS SOBRE EL CERRO.

CANTAN LOS CHANCHOS EN EL CASTILLO

Y EN EL CIRCO CANTA EL COCODRILO.

CUCARACHAS CHUECAS EN CHINELAS

COMEN CARAMELOS Y CIRUELAS.

Señala en los versicuentos palabras con los diferentes sonidos de la C.
CA, CO Y CU se pronuncian distinto que CE Y CI.
Inventa 5 nombres graciosos que empiecen con CA, CE, CI, CO Y CU.
Cuando la C va seguida de una H suena diferente ¿qué palabras encontraste con una C seguida de una H?

JUEGAN A LOS DADOS
DOS DELFINES VAGOS.

RECOMIENDA EL DOCTOR AL DINOSAURIO

QUE NO DUERMA DESCALZO EN EL ARMARIO.

Encuentra las cinco palabras que empiezan o llevan en el medio DA, DE, DI, DO y DU. ¿Cuántos delfines juegan a los dados?

E

EDUARDO EL ELEFANTE
ES UN MAL ESTUDIANTE
QUE PASA TODO EL DÍA
TOCANDO EL SAXOFÓN.
REBELDE EL ELEFANTE
NO HACE LOS DEBERES,
Y MIENTRAS SOPLA SUEÑA
SER ESTRELLA DE ROCK.

3 palabras tienen 3 letras E ¿cuáles son?
¿cuántas letras E tiene la palabra TRES?
Eduardo el elefante toca el saxofón, en su banda de rock
sus amigos tocan tres instrumentos más: GUITARRA,
PIANO y BATERÍA, ¿en cuál de los tres instrumentos
aparece la letra E?

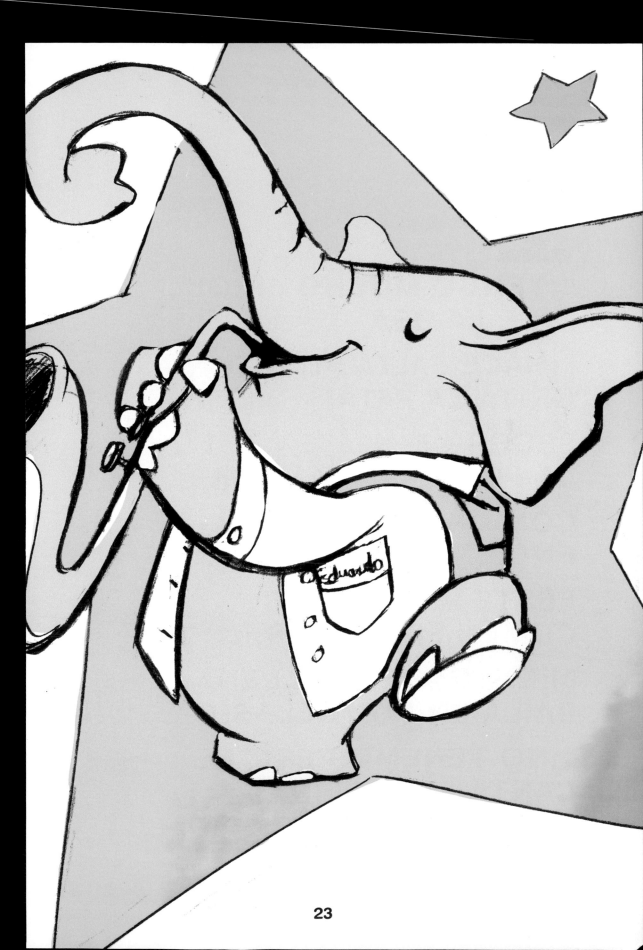

F

"¡TENGO MUCHO FRÍO!",
DICE LA OSA.

"¡HACE FALTA FUEGO!",
GRITA LA PATA.

FEDERICA,
LA FOCA MÁS FAMOSA,

CON UN FÓSFORO
ENCIENDE LA FOGATA.

FESTEJAN FELICES,
COMEN FRUTILLAS,

MIENTRAS LA BALLENA
BAILA EN PUNTILLAS.

"¡NO TENEMOS FRÍO!",
CANTA EL DELFÍN,

Y PREPARA SOPA
PARA EL FESTÍN.

¿Quién es más friolento, la osa o el delfín?
Tenemos mucho frío, prendemos el fuego y lo
decimos tiritando: pronuncia con mucha fuerza
las F: "¡Tengo mucho FFFFRÍO, y prendo el
FFFFUEGO!".
Busca palabras con la letra F en una revista y
recórtalas.

G

GASTÓN EL GATO
TOCA LA GUITARRA,

MIENTRAS EL GANSO
GOLPEA EL TAMBOR.

CINCO GALLINAS
Y CUATRO CIGARRAS

LE HACEN EL CORO
AL GALLO CANTOR.

UN GUSANO GRIS
TOCA LA CHICHARRA

MIENTRAS GORJEA
CON RITMO EL GORRIÓN.

¡QUÉ BUENA ORQUESTA
SUENA EN NUESTRA PARRA!

HASTA LOS GRILLOS
CANTAN LA CANCIÓN.

¿Cuántos animales cuyo nombre empieza con G forman la orquesta de la parra?

Los animales de la orquesta están tocando tu canción preferida ¿cuál es tu canción preferida? ¿Puedes dibujar tu canción preferida?

La G tiene diferentes sonidos según la letra que la acompaña: GA, GE, GI, GO,

GU, GUE, GUI:

GALERA
GENIO
GIRASOL
GOTA
GUARDAPOLVO
GUERRA
GUIRNALDA

Busca palabras con los distintos sonidos de la G en una revista y recórtalas.

H

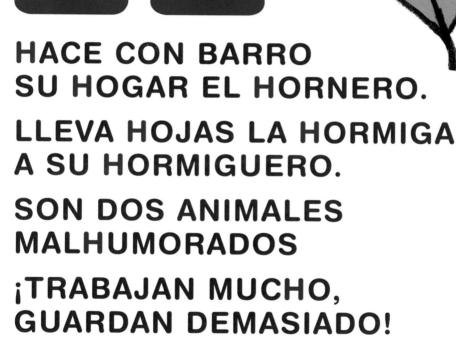

HACE CON BARRO
SU HOGAR EL HORNERO.

LLEVA HOJAS LA HORMIGA
A SU HORMIGUERO.

SON DOS ANIMALES
MALHUMORADOS

¡TRABAJAN MUCHO,
GUARDAN DEMASIADO!

NO SABEN JUGAR
COMO LOS GORRIONES

NI VUELAN ALTO
COMO LOS HALCONES.

La letra H se escribe pero no se dice, por eso la llaman muda.
¿Con qué hace su casa el hornero?
¿Quién vuela más alto, el gorrión o el halcón?
Cuando la H sigue a la C provoca otro sonido, vuelve a la letra C y descúbrelo.

I

DOS PINGÜINOS
CAMBIAN FIGURITAS
CON UNA IGUANA
Y UNA VIBORITA.

EN NUESTRA ISLA SIEMPRE SE VE

EL ARCO IRIS APARECER.

¿Cuántas letras I hay en los versicuentos? Esta I que se dibuja como un palito se llama I LATINA y se diferencia de la Y GRIEGA porque se dibuja distinto. Cuando la Y GRIEGA está sola o al final de una palabra se pronuncia igual que la I LATINA, pero cuando está acompañada por otras letras suena diferente. YA la vas a encontrar en el final del libro...

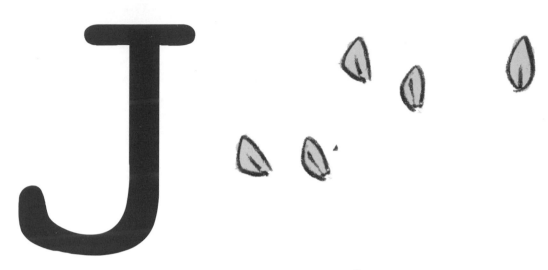

J

EL JARDINERO JULIÁN
CULTIVABA EN SU JARDÍN:
ROSA, CLAVEL Y JAZMÍN,
GERANIO Y JACARANDÁ.

La jota es el sonido de la risa y la carcajada: ¡JA JE JI JO JU!
Completar las frases:
ME DAN UNA INYECCIÓN CON UNA
J_ _ _ _ _ _.
LA JIRAFA NO TIENE J_ _ _ _ _
COMO EL CAMELLO.

¿Qué otras plantas se pueden cultivar en el jardín?

K

NO COME KIWI
EL KOALA:

COME KILOS
DE BAMBÚ,

Y TOMA AGUA
EN LAS CALAS.

La letra K suena como la C cuando acompaña a la A, la O y la U. Señala la C y la K en el versicuento.
¿Qué fruta no come el koala?

L

LA LECHUZA LEE NOVELAS DE AMOR.

AL LEÓN LO ASUSTAN CUENTOS DE TERROR.

SIEMPRE LEEN LIBROS ANTES DE DORMIR,

TOMAN LECHE TIBIA Y COMEN MANÍ.

LA LLUVIA LLEGA.
LA LLAMA LLORA
CON LUNA LLENA.

Cuando cantamos decimos ¡LA LA LA! Canta con LALALA tu canción preferida.

¿Quién lee historias de amor?

Cuenta una historia de amor cuyos protagonistas tengan nombres que empiecen con L.

¿En este versicuento hay alguna palabra que tenga la letra L en el medio?

Recorta de una revista palabras que tengan la letra L en el medio.

Cuando se juntan dos L nace la LL, que suena como si apareciera una I detrás de la L.

¿Qué hace la llama cuando llega la lluvia con luna llena?

¿Cómo llora la llama?

M

¿DÓNDE SE POSA
LA MARIPOSA?

MARÍA VA AL MAR,
MAURO A LA MONTAÑA,
LES GUSTA PESCAR
Y LLEVAN SUS CAÑAS.

¿LA MERLUZA
NO USA BLUSA?

¿EL MEMBRILLO
TIENE BRILLO?

"MI MAMÁ ME MIMA.
MI MAMÁ ME AMA".
LA MONA CON VINCHA
LEE EN UNA RAMA.

¿Dónde está leyendo la mona?

¿Qué está leyendo?

¿Cuántas M hay en las dos oraciones que está leyendo la mona?

Las mona con vincha no tiene nombre y necesita que le pongas uno que empiece con M.

Estas tres respuestas contestan las tres preguntas que aparecen en estos versicuentos, tienes que colocar cada respuesta en su lugar:

1. EN UNA MAGNOLIA.
2. SOLO USA CAMISAS.
3. ES MUY BRILLANTE.

N

EN NUESTRO PINO
HACEN SU NIDO
LOS DOS GORRIONES.
NACEN PICHONES
EN NOCHEBUENA
Y NOS ALEGRAN.
¡FELICIDAD
EN NAVIDAD!

Cuando decimos
¡NNNOOO!
porque algo nos
disgusta o nos
negamos a hacer
cosas, estamos
pronunciando la N.
Cuenta la historia
del versicuento con
tus palabras.

Ñ

SUEÑA EL ÑANDÚ ALBAÑIL
QUE SUEÑA EN SU PROPIA CASA,
Y LA VICUÑA QUE SUEÑA
SUEÑA QUE CON ÉL SE CASA.

La Ñ se dibuja como la N que usamos para decir ¡NO! pero con un techito, y se pronuncia como si apareciera una I detrás de la N.
¿Qué trabajo hacen los albañiles?

SON OCHO OGROS
CON GORROS ROJOS:

CORTAN LOS TRONCOS
UNO TRAS OTRO.

Para decir que ¡NO! la N va acompañada de una O bien redonda.
Para contar hasta dos necesitamos dos O: UNO Y DOS.
Busca en los versos anteriores las palabras que tienen dos O.

P

EL **PUL**PO **PI**RATA VIAJA EN UNA LATA.

PALOMAS CON BOTAS
PATEAN PELOTAS.

UN PEZ PERFUMADO
Y UN PATO PELADO,
PASAN APURADOS.

LA PULGA CON PANZA
SOBRE EL PERRO DANZA.

Con la P lo llamamos a ¡PAPÁ!
¿Cuáles son los animales que empiezan con P que
encontramos en los versicuentos?
¿Quién tiene panza?
¿Sobre quién está bailando la pulga?
¿En qué viaja el pulpo?
¿Quiénes pasan apurados?
¿A qué juegan las palomas?

Q

QUIQUE EL QUIRQUINCHO
TOCA LA QUENA EN EL QUINCHO.

Cuando el gallo canta dice ¡QUIQUIRIQUÍ!
Esta letra que se dibuja como un globo con un hilito, siempre
va seguida de la letra U, y se pronuncia como la K para
acompañar las letras E o I:
QUE, QUI.
Realiza dos preguntas sobre el versicuento utilizando las
palabras ¿QUÉ...? y ¿QUIÉN...?

**BUENOS COCINEROS
Y POETAS,**

**LOS RATONES
TIENEN LA RECETA**

**PARA HACER
LOS MÁS RICOS RAVIOLES:**

**¡UNA BUENA
SALSA DE ILUSIONES!**

CORRE EL CARRO
SOBRE EL BARRO.
¡YO ME EMBARRO
SOBRE EL CARRO!

A LA REINA
EL REY
LA PEINA.

TE ROZA LA ROSA.
PINCHA CON ESPINAS.
ELLA ES MUY HERMOSA
PERO TE LASTIMA.

¿Cuál es el secreto de los ratones cocineros?
¿Dónde corre el carro?
Pasa el auto de carrera y hace ¡RRRRRR!
Hace mucho frío y tiritamos ¡BRRRRRRR!
La R a veces suena fuerte y a veces suena más tímida.
Identifica los diferentes sonidos de la R en esta oración:
HÉCTOR QUIERE GANAR UNA CARRERA DE AUTOS.

S

NADA CONTRA LA CORRIENTE
EL SALMÓN SALOMÓN.
¡ES UN SALMÓN MUY VALIENTE!
PARA SALVAR A SUS HIJOS
NO TOMARÁ OTRO CAMINO
NI CAMBIARÁ DE OPINIÓN
AUNQUE SEA CANSADOR.

LA **SERPIENTE**
CON **S**ACO Y CAMI**S**A
SE MATA DE RI**S**A.

LE HACE MAL
TANTA SAL,

¡TIENE SED!
TOMA TÉ

TODO EL DÍA
LA SANDÍA.

BUEN SOLDADO ES EL SIFÓN
QUE ATACA CON SODA FRESCA
Y DEFIENDE CON LIMÓN.

Se desinfla un globo y hace
SSSSSSSSSSSSSSSS...
Pedimos silencio y hacemos
¡SSSSSSSSSSSSSSS!
Cuando algo nos gusta mucho
gritamos ¡SSSÍÍÍ!
¿Quién ataca con soda y quién
toma té?
¿Cómo se llama el salmón?
¿Conoces más nombres que
empiecen con S?

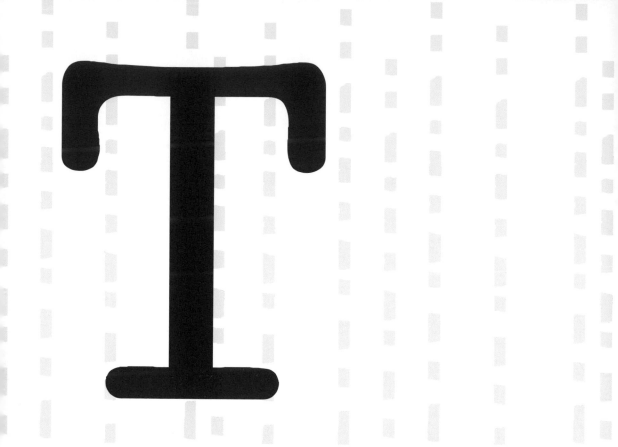

LA TORMENTA LOS ATRAPA,
DEL VENTARRÓN NO SE ESCAPAN,
TRES TOMATES EN TRINEO,
TRES TRISTES TIGRES EN TREN,
TRES TEROS TERCOS EN NUEZ:
¡TODOS TIEMBLAN
POR LOS TRUENOS!
NO TIENEN BOTAS NI CAPA
Y LA LLUVIA LOS EMPAPA.

No es lo mismo "EL TOMATE" que "ÉL TOMA TÉ".
No es lo mismo "¡QUIERO TÉ!" que "¡TE QUIERO!"
¿Por qué tiemblan los tomates, los tigres y los teros?
¿Por qué la lluvia los empapa?
Busca en una revista y recorta palabras con T en el medio.
Arma una historia con esas palabras.

U

EL ÚLTIMO UNICORNIO
SE MIRA EN LA LAGUNA,
TIENE UN CUERNO AZUL
QUE ILUMINA LA LUNA.

La U se dibuja como una herradura.

Es una letra muy solidaria, que a veces acompaña en silencio a la G o la Q, para que puedan hablar la E y la I. Aquí van cuatro ejemplos: MANGUERA. GUINDA. QUESO. QUINOTO.

¿Cuántas U se encuentran en el versicuento?

Una de esas U no habla para que cante la E ¿con qué letra está?

La U es la última de las letras vocales ¿cuáles son las otras?

61

LAS VOCALES SON CINCO

A

MAAA

¡MAAA!

LLAMO A MI MAMÁ.

E

Tééé

¡TÉÉÉ!

QUIERO TOMAR TÉ.

I

¡SÍÍÍ!

ME INVITAN A JUGAR.

O

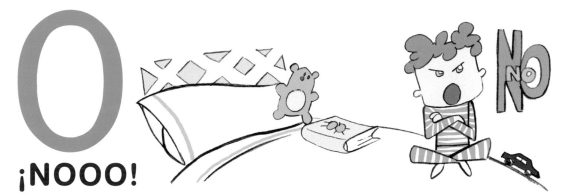

¡NOOO!

NO QUIERO IR A DORMIR.

U

¡UUU!

PAPÁ APAGA LA LUZ.

V

VEINTE VACAS VERDES
VIENEN CON CHUPETE.
VIAJAN EN VELERO,
LAS ACERCA EL VIENTO.

BAJO LA SOMBRILLA
VENDEN LAS ARDILLAS,
VINO CON VAINILLAS,
Y UVAS SIN SEMILLAS.

Acá está la otra V de la que te hablaba antes: la **V CORTA**. Es distinta de la **B LARGA**, porque suena más fuerte, como si te mordieras el labio inferior.
Se dibuja como un pajarito en el cielo. Dibuja muchas V en fila y verás una bandada de pájaros. ¿De qué color son esas vacas que vienen con chupete? ¿Qué otro color se te ocurre para las vacas? ¿Qué venden las ardillas? ¿Qué otra cosa pueden vender las ardillas?

$0,50

W

**PRACTICA WINDSURF EL LEÓN
Y COME UN SÁNDWICH DE JAMÓN.**

EL WOMBAT Y EL TORO JUEGAN WATERPOLO.

La llaman DOBLE VE porque se dibuja como dos V juntitas, pero suena como una U.
¿En dónde juegan waterpolo?
¿Qué come el león?

X

VAN EN TAX**I DE E**X**CURSIÓN
CON TAMBOR Y** X**ILOFÓN,
UN GORILA EN CAMISÓN
Y UN E**X**TRAÑO E**X**PLORADOR.**

Esta letra se dibuja como una cruz y se pronuncia como si
juntáramos una K con una S. Se escribe ÉXITO y se dice
"ÉKSITO". Se escribe OXIDADO y se dice "OKSIDADO".
¿Cómo se llaman los choferes de taxi?

Y

EL YACARÉ
SONROJADO
TOMA YOGUR
BIEN HELADO.

UNA BRUJITA
DE YESO
AL PAYASO LE DA
UN BESO.

70

SI LA YEMA
NO LA LLENA
Y LA CLARA
NO LA ACLARA
¿CUÁNTOS HUEVOS
HACEN FALTA
EN UNA TARTA?

¡Llegó la **Y GRIEGA**! También se la llama **YE**.
Suena como la I, cuando está sola (¿Y?) o al final de las palabras (URUGUAY). Pero cuando va acompañada de una vocal suena diferente: YA. YE. YI. YO. YU.
 ¿Qué toma el yacaré?
¿A quién le da un beso la brujita?
¿Cuáles son las dos partes de un huevo?

LA ZANAHORIA ANDA EN ZANCOS
Y LA MANZANA SOLLOZA.
HACE ZIGZAG EL ZAPALLO,
Y SE CONVIERTE EN CARROZA.

EL ZORRO DANZA LA ZAMBA CON SUS ZAPATOS ZURCIDOS. ZAPATEAN LOS ZORZALES CON PANTUFLAS EN EL NIDO.

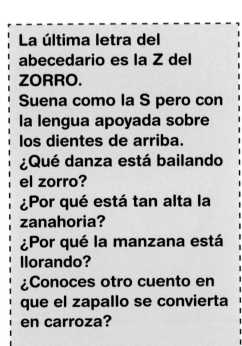

La última letra del abecedario es la **Z** del **ZORRO**.
Suena como la **S** pero con la lengua apoyada sobre los dientes de arriba.
¿Qué danza está bailando el zorro?
¿Por qué está tan alta la zanahoria?
¿Por qué la manzana está llorando?
¿Conoces otro cuento en que el zapallo se convierta en carroza?

Versicuentos para aprender a leer
es editado por: Ediciones Lea S.A.
Av. Dorrego 330 (C1414CJQ),
Ciudad de Buenos Aires, Argentina.
info@edicioneslea.com
www.edicioneslea.com

ISBN: 978-987-718-719-9

Tercera edición.
Esta edición se terminó de imprimir
en noviembre de 2021 en Casano Gráfica.

Sáez, Carlos Santos
   Versicuentos : para aprender a leer / Carlos Santos Sáez ; ilustrado por Mariana
Parrotta. - 3a ed. - Ciudad Autónoma de Buenos Aires : Ediciones Lea, 2021.
   80 p. : il. ; 24 x 17 cm. - (La brújula y la veleta)

   ISBN 978-987-718-719-9

   1. Poesía Infantil. 2. Literatura Infantil y Juvenil Argentina. 3. Poesía Didáctica. I.
   Parrotta, Mariana, ilus. II. Título.
   CDD A861.9282